Impressum
Verlag: BABADADA GmbH, Nedderfeld 112 , 22529 Hamburg
Geschäftsführer / Verlagsleitung: Harald Hof
Druck: Books on Demand GmbH, In de Tarpen 42, 22848 Norderstedt

Imprint
Publisher: BABADADA GmbH, Nedderfeld 112 , 22529 Hamburg, Germany
Managing Director / Publishing direction: Harald Hof
Print: Books on Demand GmbH, In de Tarpen 42, 22848 Norderstedt

škola

shule

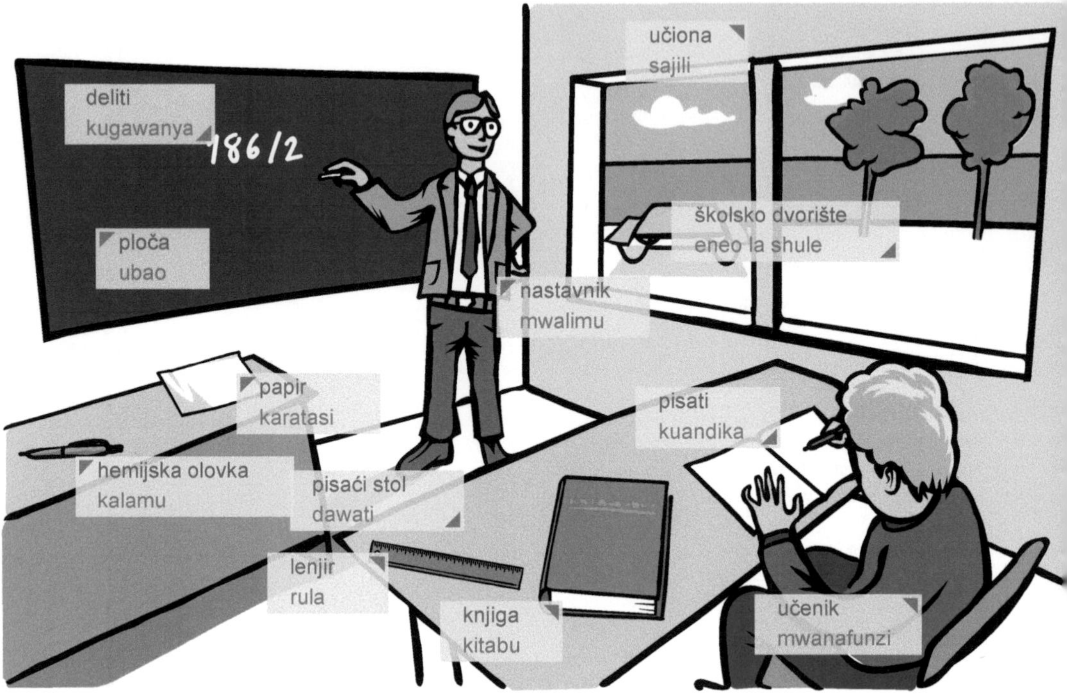

učiona
sajili
deliti
kugawanya
186/2
ploča
ubao
školsko dvorište
eneo la shule
nastavnik
mwalimu
papir
karatasi
pisati
kuandika
hemijska olovka
kalamu
pisaći stol
dawati
lenjir
rula
knjiga
kitabu
učenik
mwanafunzi

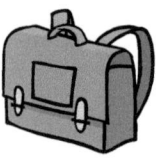

torba

mkoba

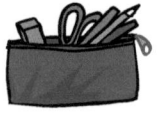

pernica

kikasha cha penseli

grafitna olovka

penseli

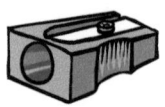

šiljilo za olovke

kichonga penseli

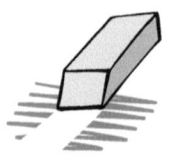

gumica za brisanje

mpira

blok za crtanje

pedi ya kuchora

crtež

uchoraji

kist

brashi ya rangi

kutija sa bojama

sanduku la rangi

makaze

mkasi

lepilo

gundi

beležnica

daftari

domaći zadatak

kazi ya nyumbani

broj

nambari

sabirati

jumlisha

oduzimati

ondoa

množiti

zidisha

računati

kokotoa

slovo

barua

abeceda

alfabeti

hello

reč

neno

tekst

maandishi

čitati

kusoma

kreda

chaki

čas

somo

dnevnik

sajili

ispit

uchunguzi

svedočanstvo

cheti

školska uniforma

sare za shule

obrazovanje

elimu

leksikon

elezo

univerzitet

chuo kikuu

mikroskop

darubini

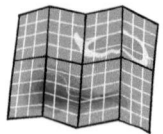

karta

ramani

košara za papir

kikapu cha kuweka karatasi chafu

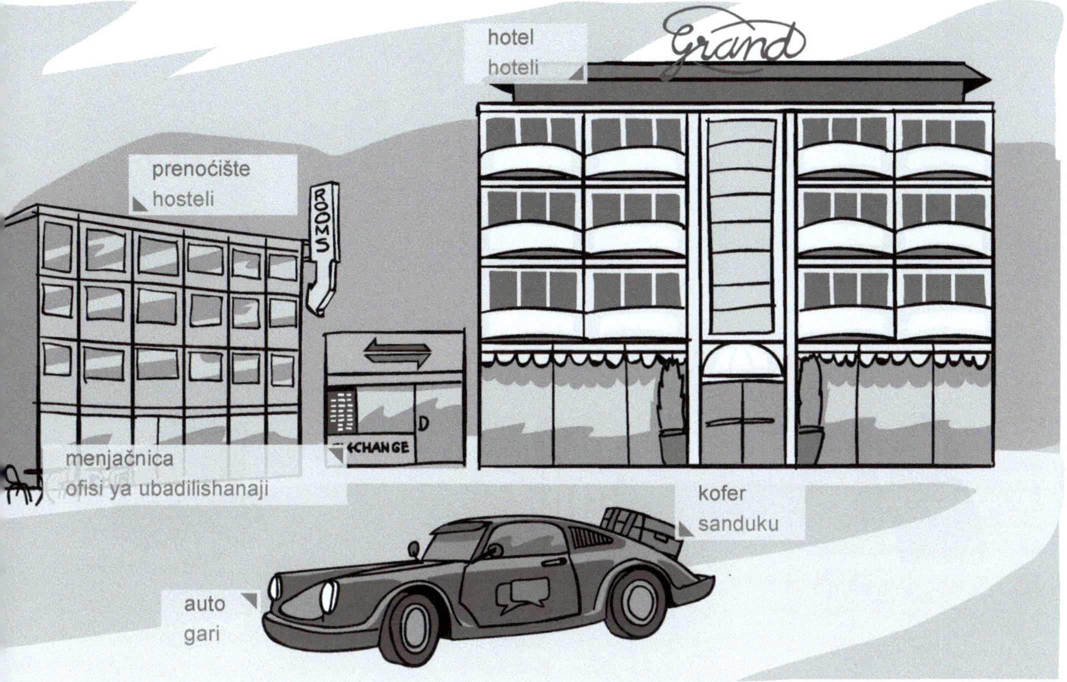
hotel
hoteli
Grand
prenoćište
hosteli
ROOMS
EXCHANGE
menjačnica
ofisi ya ubadilishanaji
kofer
sanduku
auto
gari

jezik

lugha

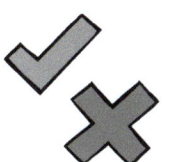

da / ne

ndiyo / la

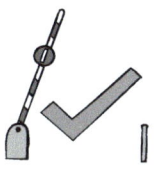

okej

sawa

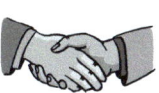

zdravo

hujambo

prevodilac

mtafsiri

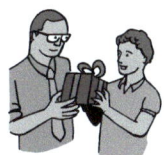

hvala

Asante

Koliko košta...?

kiasi gani ni ...?

ne razumem

Sielewi

problem

tatizo

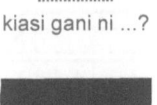

dobro veče!

Jioni njema!

Dobro jutro!

Habari za asubuhi!

Laku noć!

Usiku mwema!

doviđenja

kwa heri

smer

mwelekeo

prtljaga

mizigo

torba

mfuko

ruksak

shanta

gost

mgeni

soba

chumba

vreća za spavanje

begi la kulalia

šator

hema

turističke informacije

taarifa ya utalii

plaža

ufuo

kreditna kartica

kadi

doručak

kifunguakinywa

ručak

chakula cha mchana

večera

chakula cha jioni

karta za vožnju

tiketi

lift

kuinua

poštanska markica

muhuri

granica

mpaka

carina

mila

ambasada

ubalozi

viza

visa

pasoš

pasipoti

transport
usafiri

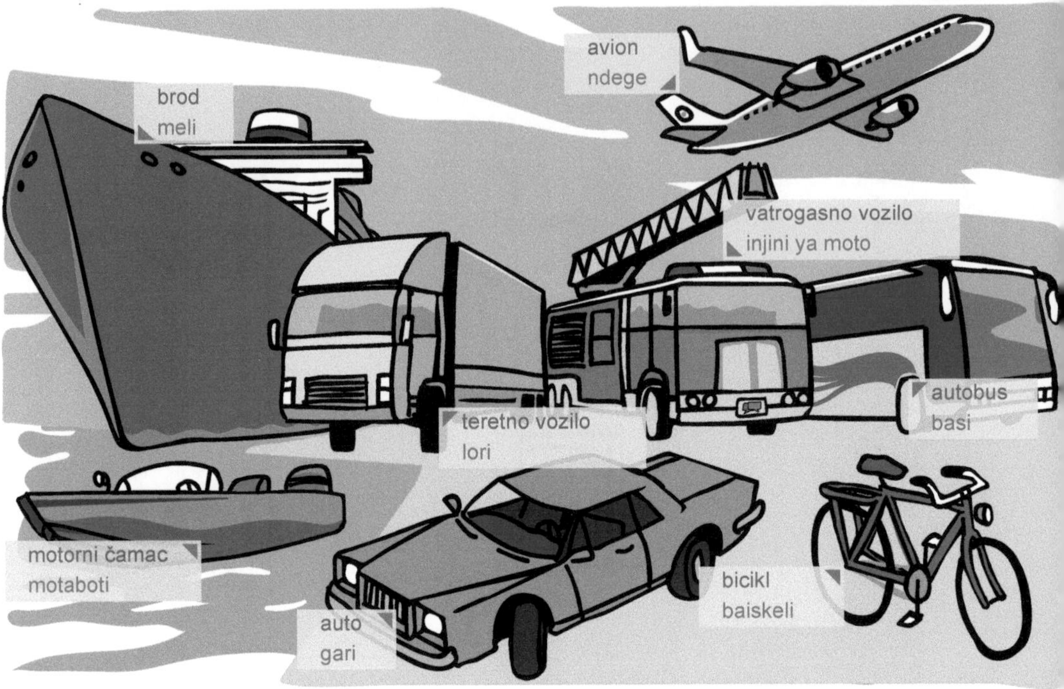
avion
ndege
brod
meli
vatrogasno vozilo
injini ya moto
autobus
basi
teretno vozilo
lori
motorni čamac
motaboti
bicikl
baiskeli
auto
gari

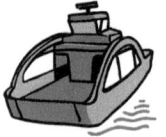

trajekt

feri

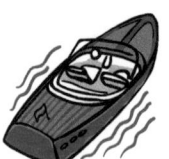

čamac

mashua

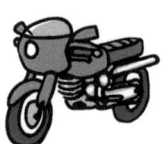

motocikl

pikipiki

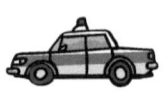

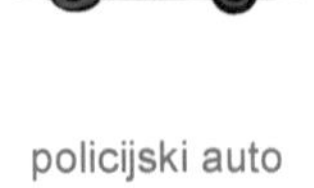

policijski auto

gari la polisi

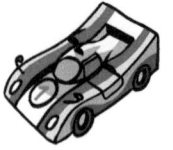

trkaći auto

gari la mashindano

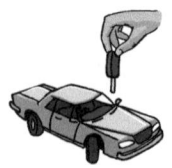

iznajmljeno auto

gari la kukodisha

delenje automobila

kushiriki gari

vučno vozilo

lori la kuvuta

vozilo za odvoz smeća

ukusanyaji taka

motor

motor

benzin

mafuta

benzinska stanica

kituo cha mafuta

saobraćajni znak

ishara trafiki

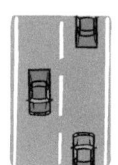

saobraćaj

trafiki

zastoj

msongamano

parkiralište

maegesho

železnička stanica

kituo cha treni

šine

reli

voz

garimoshi

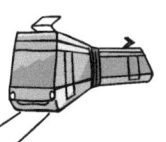

tramvaj

tremu

vagon

gari la mizigo

helikopter

helikopta

aerodrom

uwanja wa ndege

kula

mnara

putnik

abiria

kontejner

chombo

karton

katoni

kolica

mkokoteni

korpa

kikapu

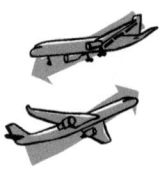

uzleteti / sleteti

ondoka

grad

jiji

selo

kijiji

centar grada

katikati ya jiji

kuća

nyumba

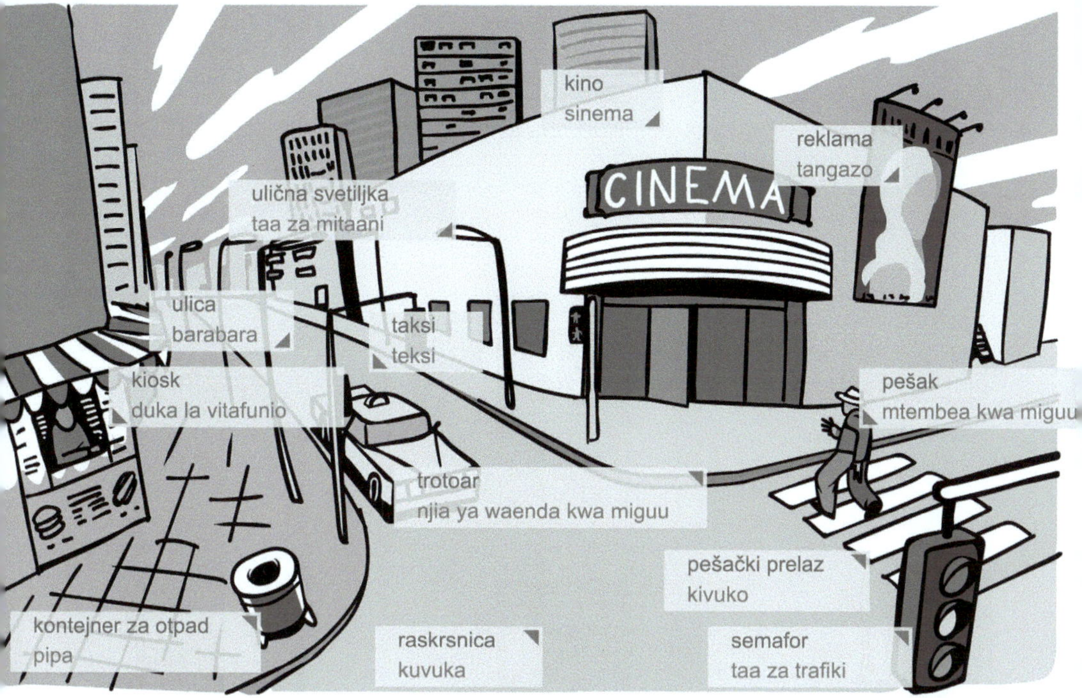

kino
sinema

reklama
tangazo

ulična svetiljka
taa za mitaani

CINEMA

ulica
barabara

taksi
teksi

kiosk
duka la vitafunio

pešak
mtembea kwa miguu

trotoar
njia ya waenda kwa miguu

pešački prelaz
kivuko

kontejner za otpad
pipa

raskrsnica
kuvuka

semafor
taa za trafiki

koliba

kibanda

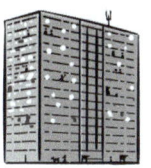

stan

gorofa

železnička stanica

kituo cha treni

većnica

ukumbi wa mji

muzej

Makavazi

škola

shule

univerzitet

chuo kikuu

banka

benki

bolnica

hospitali

hotel

hoteli

apoteka

duka la dawa

kancelarija

ofisi

knjižara

duka la kitabu

prodavnica

duka

cvećara

duka la maua

supermarket

dukakuu

trg

soko

robna kuća

idara ya kuhifadhi

ribarnica

mwuza samaki

trgovački centar

kituo cha ununuzi

luka

bandari

park

Hifadhi

klupa

benki

most

daraja

stepenice

vidato

podzemna železnica

chini ya ardhi

tunel

handaki

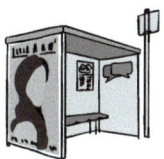

autobuska stanica

kituo cha mabasi

bar

bar

restoran

mgahawa

poštansko sanduče

sanduku la posta

ulični znak

ishara ya barabara

parkirni automat

mita ya maegesho

zoološki vrt

bustani ya wanyama

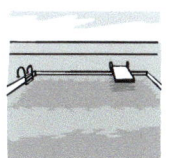

bazen

kidimbwi cha kuogelea

džamija

msikiti

seosko gazdinstvo

shamba

zagađenje okoline

uchafuzi

groblje

makaburini

crkva

kanisa

igralište

uwanja wa michezo

hram

hekalu

pejsaž

mazingira

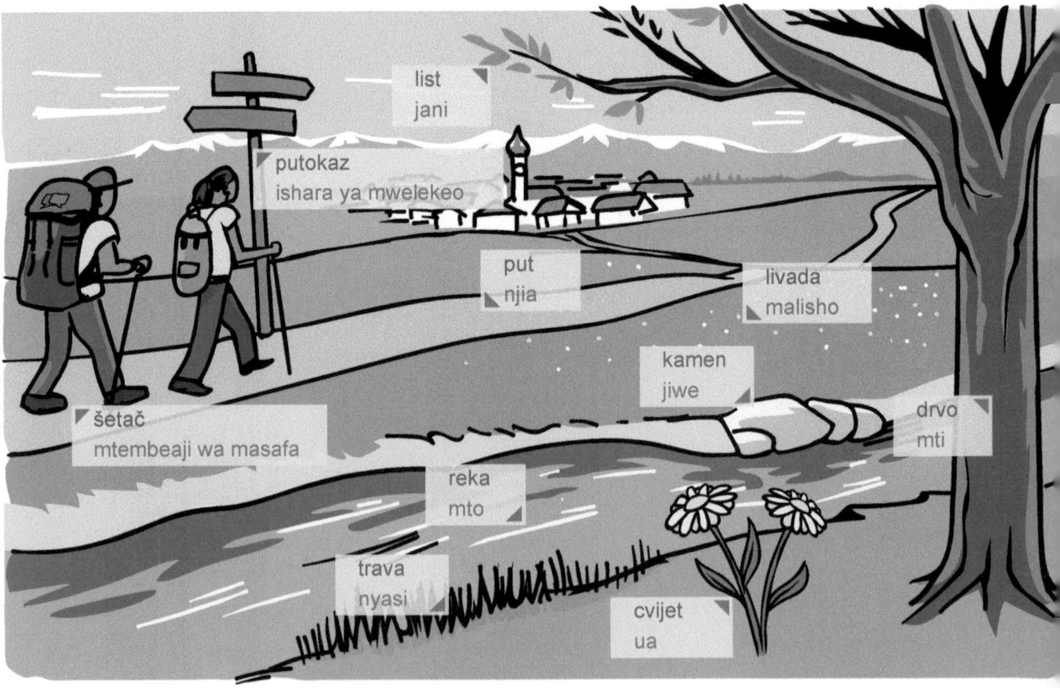

list
jani

putokaz
ishara ya mwelekeo

put
njia

livada
malisho

kamen
jiwe

drvo
mti

šetač
mtembeaji wa masafa

reka
mto

trava
nyasi

cvijet
ua

dolina

bonde

planina

kilima

jezero

ziwa

šuma

msitu

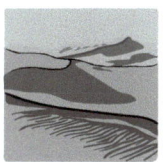

pustinja

jangwa

vulkan

volkano

dvorac

ngome

duga

upinde wa mvua

gljiva

uyoga

palma

mtende

moskito

mbu

muva

kuruka

mrav

chungu

pčela

nyuki

pauk

buibui

buba

mende

žaba

chura

veverica

kuchakuro

jež

nungunungu

zec

sungura

sova

bundi

ptica

ndege

labud

swan

divlja svinja

nguruwe mwitu

jelen

kulungu

los

aina ya kongoni

nasip

bwawa

vetrenjača

tabo ya upepo

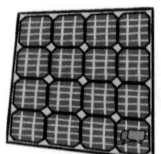

solarna ploča

nishaji ya jua

klima

hali ya hewa

restoran
mgahawa

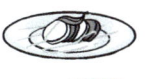

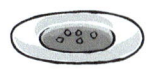

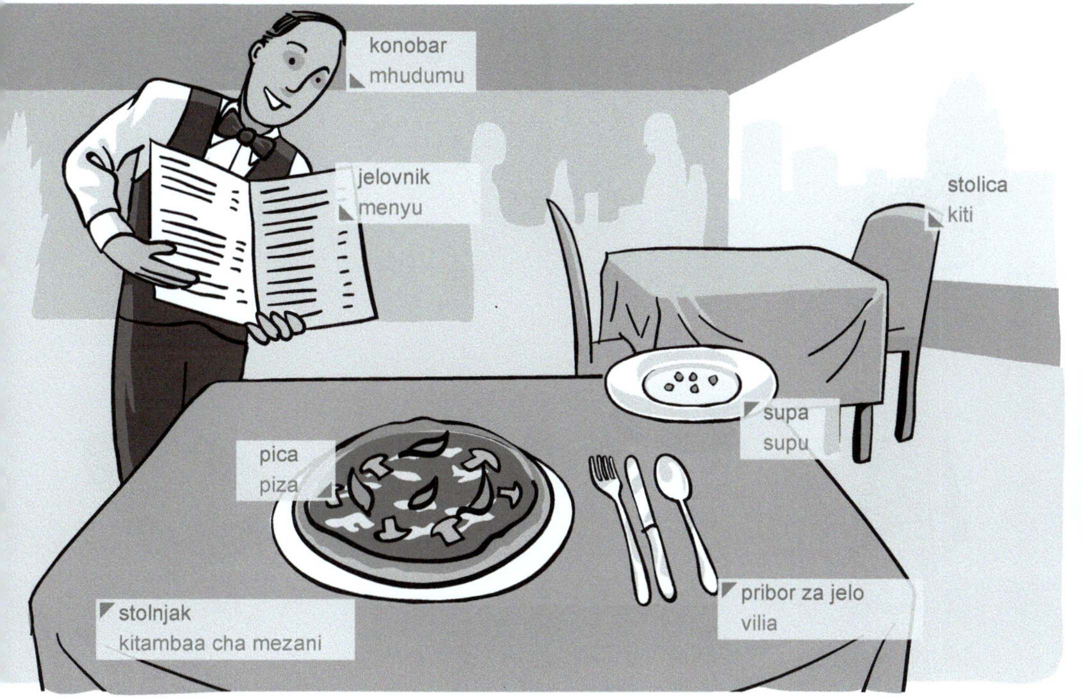
konobar
mhudumu
jelovnik
menyu
stolica
kiti
supa
supu
pica
piza
stolnjak
kitambaa cha mezani
pribor za jelo
vilia

predjelo

kiamsha hamu

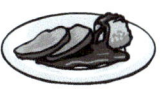

glavno jelo

kozi kuu

desert

kitindamlo

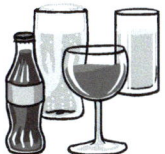

napitci

vinywaji

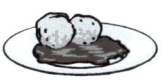

jelo

chakula

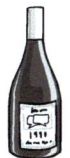

flaša

chupa

brza hrana

chakula cha haraka

imbis hrana

Streetfood

čajnik

buli

doza za šećer

kisanduku cha sukari

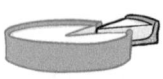

porcija

sehemu

aparat za espresso

mashine ya espresso

visoka stolica

kiti kirefu

račun

muswada

poslužavnik

trei

nož

kisu

viljuška

uma

kašika

kijiko

čajna kašika

kijiko cha chai

salveta

nepi

čaša

glasi

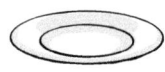

tanjir

sahani

tanjir za supu

sahani ya supu

tanjirić

sufuria

sos

mchuzi

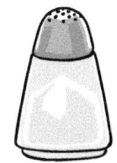

soljenka

kichanyaji chumvi

mlin za biber

kinu cha pilipili

sirće

siki

ulje

mafuta

začini

viungo

kečap

kechapu

senf

haradali

majoneza

kachumbari nzito

supermarket

dukakuu

ponuda
ofa maalum
FOR
kupac
mteja
mlečni proizvodi
maziwa
voće
matunda
kolica za kupovinu
toroli

BUTCHERS

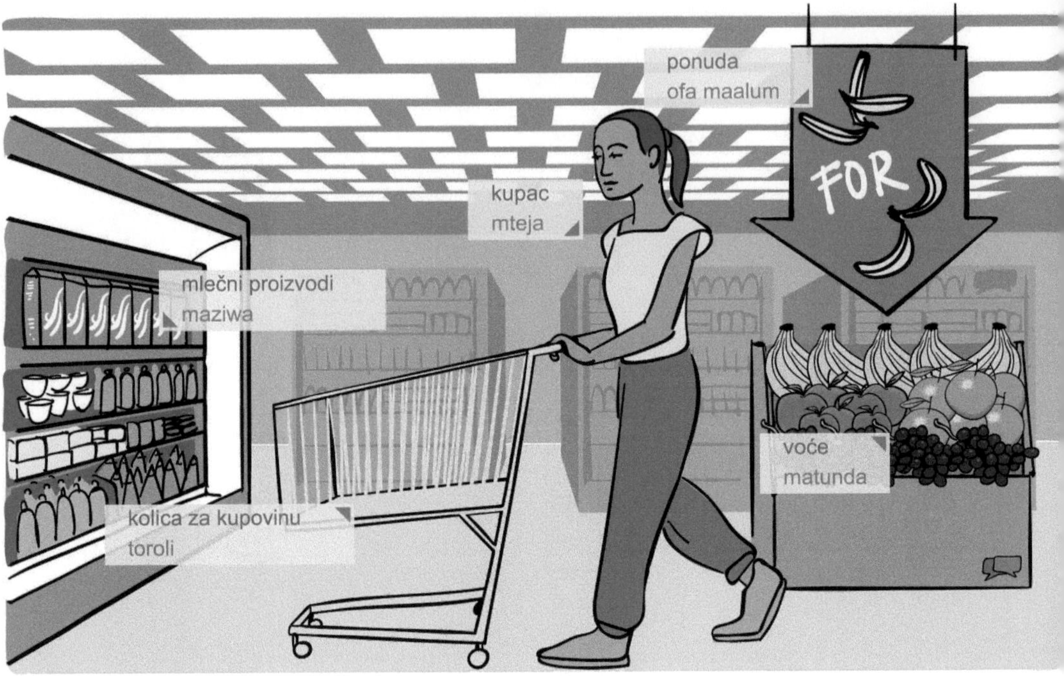

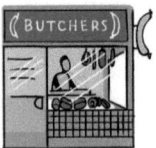

mesnica

mchinjaji

BAKERY

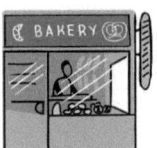

pekara

mwokaji

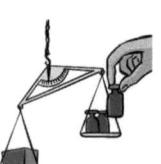

vagati

uzito

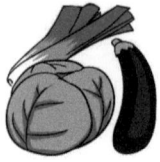

povrće

mboga

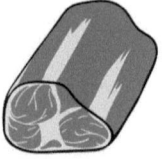

meso

nyama

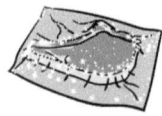

smrznuta hrana

chakula waliohifadhiwa

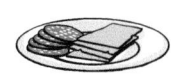

narezak

vipande vya nyama baridi

konzerve

chakula cha kopo

sredstvo za pranje

sabuni ya unga

slatkiši

pipi

artikli za domaćinstvo

bidhaa za kaya

sredstva za čišćenje

bidhaa za kusafisha

prodavačica

mtu mauzo

blagajna

mpaka

blagajnik

keshia

lista za kupovinu

orodha ya manunuzi

vreme rada

masaa ya ufunguzi

novčanik

mkoba

kreditna kartica

kadi

torba

mfuko

plastična kesa

mfuko wa plastiki

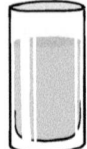

voda

maji

sok

sharubati

mleko

maziwa

kola

coke

vino

mvinyo

pivo

bia

alkohol

pombe

kakao

kakao

čaj

chai

kava

kahawa

espresso

spreso

cappuccino

kapuchino

banana

ndizi

jabuka

tufaha

narandža

machungwa

lubenica

tikiti

limun

lemon

šargarepa

karoti

beli luk

kitunguu saumu

bambus

mianzi

luk

kitunguu

gljiva

uyoga

orašasti plodovi

karanga

rezanci

nudo

špagete

spageti

riža

mpunga

salata

saladi

pomfrit

vibanzi

pečeni krumpir

viazi vya kukaanga

pica

piza

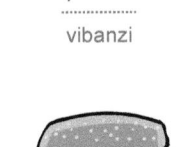

hamburger

hambaga

sendvič

sandwichi

šnicla

kipande

šunka

paja la mnyama

salama

salami

kobasica

soseji

kokoš

kuku

pečenje

choma

riba

samaki

zobene pahuljice

oats ya uji

musli

muesli

kukuruzne pahuljice

cornflakes

brašno

unga

kroasan

kroisanti

pecivo

andazi

hleb

mkate

toast

mkate wa kubanika

keksi

biskuti

maslac

siagi

sveži sir

maziwa mgando

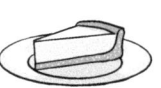

kolač

keki

jaje

yai

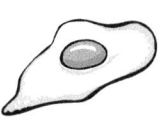

jaje na oko

yai kukaanga

sir

jibini

sladoled

aiskrimu

šećer

sukari

med

asali

marmelada

jemu

nugat krema

kuenea kwa chokoleti

kari

mchuzi wa viungo

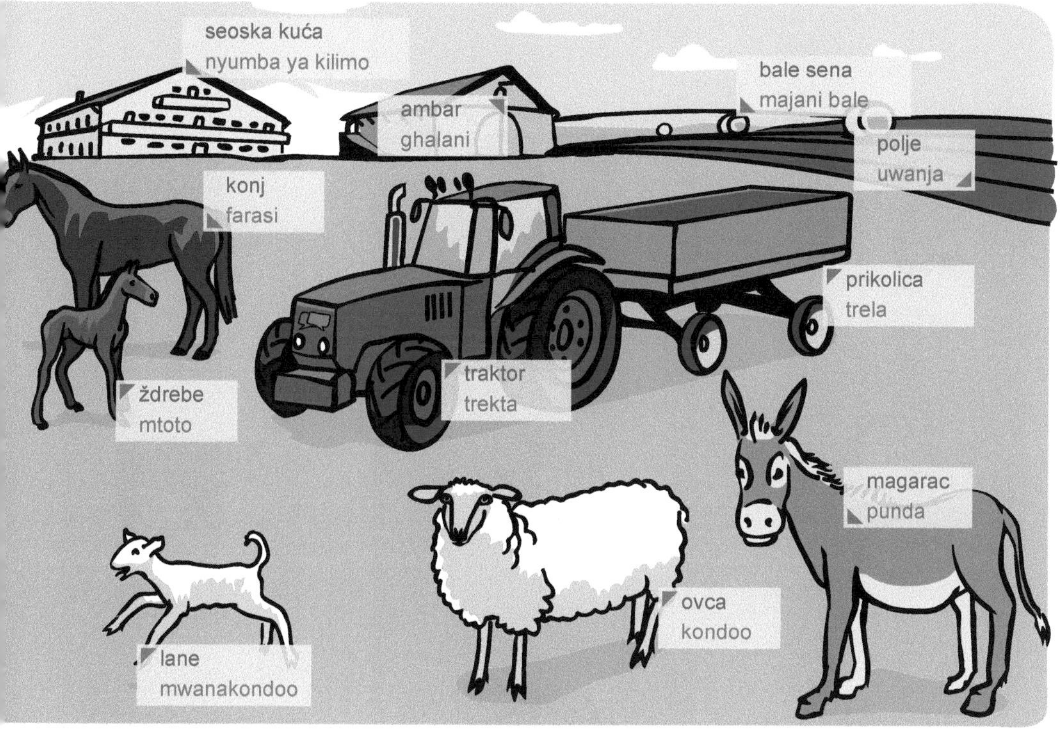

seoska kuća
nyumba ya kilimo

ambar
ghalani

bale sena
majani bale

polje
uwanja

konj
farasi

prikolica
trela

ždrebe
mtoto

traktor
trekta

magarac
punda

lane
mwanakondoo

ovca
kondoo

koza

mbuzi

krava

ng'ombe

tele

ndama

svinja

nguruwe

prase

mwananguruwe

bik

fahali

guska

batabukini

patka

bata

pilići

kifaranga

kokoš

kuku

petao

jogoo

pacov

panya

mačka

paka

miš

panya

vol

ng'ombe

pas

mbwa

kućica za psa

nyumba ya mbwa

vrtno crevo

bomba la bustani

kanta za polivanje

debe la kumwagilia maji

kosa

fyekeo

plug

kulima

srp

mundu

motika

jembe

viljuška za đubrivo

uma wa nyasi

sekira

shoka

tačke

toroli

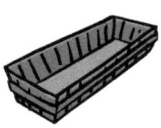

korito

kupitia nyimbo

posuda za mleko

chombo cha maziwa

vreća

gunia

ograda

ua

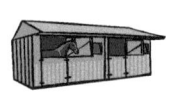

štala

imara

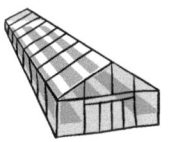

staklenik

chafu

zemlja

udongo

seme

mbegu

đubrivo

mbolea

kombajn

kivunaji

žeti
mavuno

žetva
mavuno

jams začin
viazi vikuu

pšenica
ngano

soja
soya

krumpir
viazi

kukuruz
mahindi

uljana repica
rapa

voćka
mti wa matunda

gomolj manioke
muhogo

žitarice
nafaka

kuća
nyumba

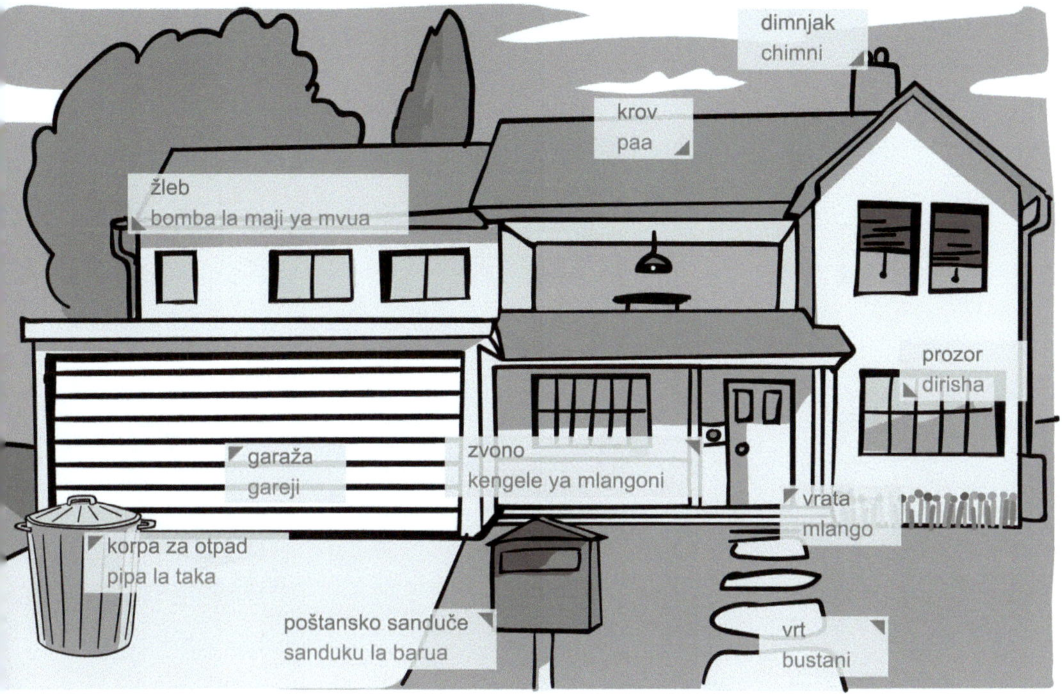
dimnjak
chimni
krov
paa
žleb
bomba la maji ya mvua
prozor
dirisha
garaža
gareji
zvono
kengele ya mlangoni
vrata
mlango
korpa za otpad
pipa la taka
poštansko sanduče
sanduku la barua
vrt
bustani

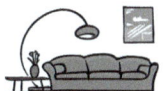

dnevna soba

sebuleni

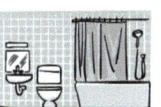

kupaonica

bafu

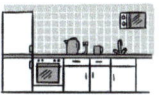

kuhinja

jikoni

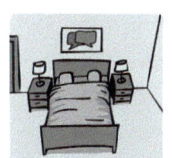

spavaća soba

chumba cha kulala

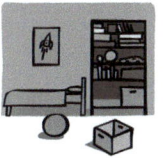

dečija soba

chumba ya mtoto

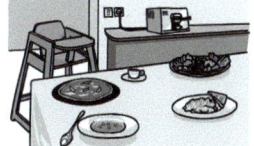

trpezarija

chumba cha kulia

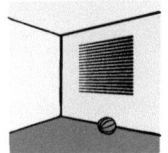

pod
sakafu

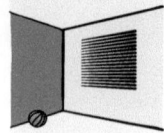

zid
ukuta

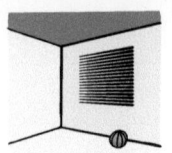

strop
dari

podrum
pishi

sauna
sauna

balkon
roshani

terasa
mtaro

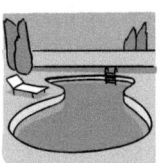

bazen
kidimbwi

kosilica za travu
mashine ya kukata nyasi

posteljina za krevet
karatasi

deka za krevet
kitambaa cha kupamba
kitanda

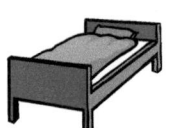

krevet
kitanda

metla
ufagio

kanta
ndoo

prekidač
kubadili

dnevna soba
sebuleni

tapeta
mandhari
slika
picha
svetiljka
taa
regal
rafu
ormar
kabati
televizija
televisheni/runinga
kamin
mekoni
cvijet
ua
jastuk
mto
kauč
sofa
vaza
chombo cha maua
daljinski upravljač
kitenzambali

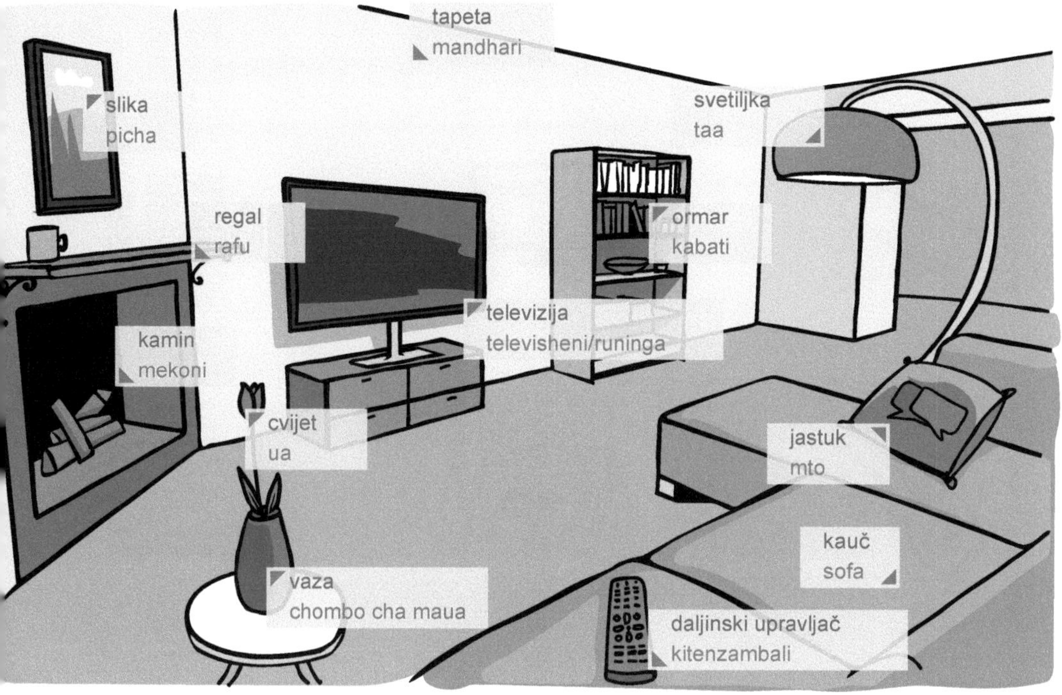

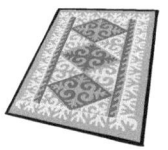

tepih
zulia

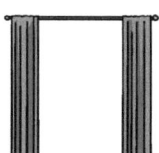

zavesa
pazia

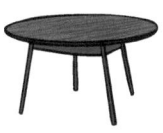

sto
meza

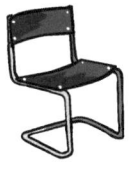

stolica
kiti

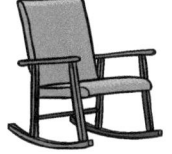

stolica za njihanje
kiti cha bembea

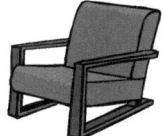

fotelja
armchair

knjiga
kitabu

deka
blanketi

dekoracija
mapambo

drvo za ogrev
kuni

film
filamu

hi-fi uređaj
kifaa cha hi-fi

ključ
ufunguo

novine
gazeti

slika na platnu
uchoraji

poster
bango

radio
redio

blok za pisanje
daftari

usisivač
kifyonza

kaktus
dungusi kakati

sveća
mshumaa

kuhinja
jikoni

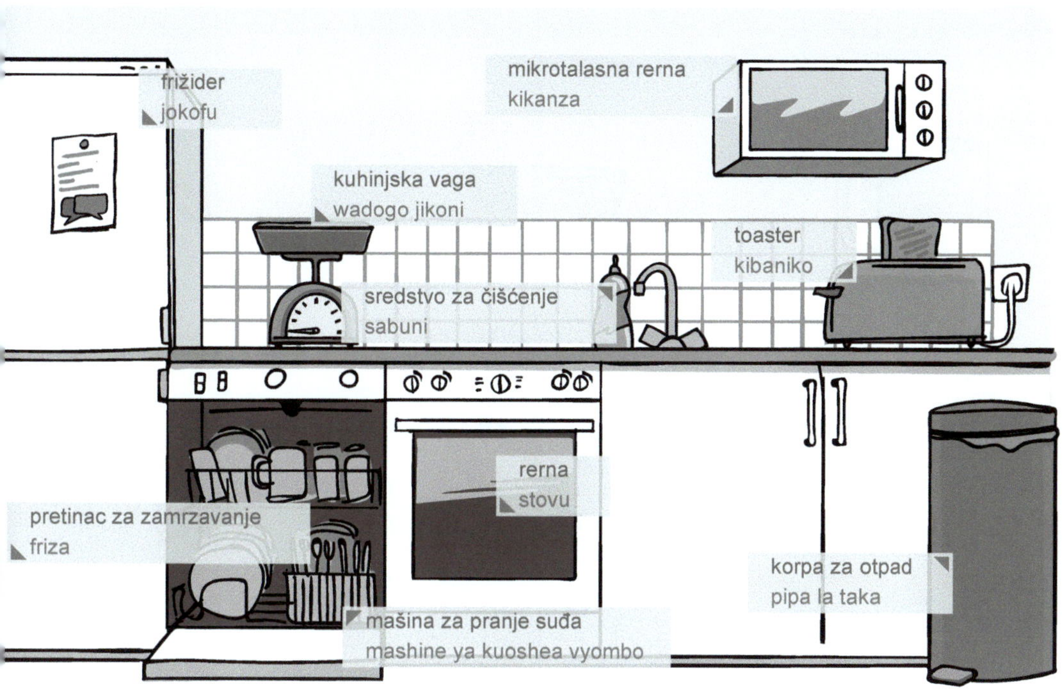

frižider
jokofu
mikrotalasna rerna
kikanza
kuhinjska vaga
wadogo jikoni
toaster
kibaniko
sredstvo za čišćenje
sabuni
rerna
stovu
pretinac za zamrzavanje
friza
korpa za otpad
pipa la taka
mašina za pranje suđa
mashine ya kuoshea vyombo

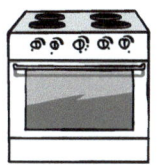

šporet

jiko la kupika

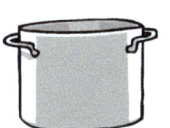

lonac

chungu

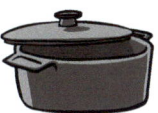

gvozdeni lonac

sufuria ya chuma

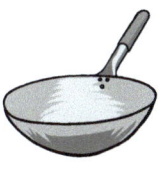

wok / kadai

wok / kadai

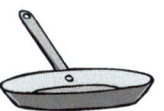

tava

kaango

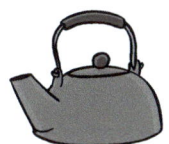

kuvalo za vodu

birika

kuvalo na paru

stima

lim za pečenje

sinia ya kuoka

posuđe

vyombo vya udongo

čaša

kombe

posuda

bakuli

štapići za jelo

vijiti vya kulia

kutlača

ukawa

lopatica

mwiko mpana

penjača

burashi

sito za kuvanje

kichujio

sito

chujio

ribež

mbuzi

mužar

chokaa

roštilj

barbeque

ognjište

moto wazi

daska
ubao wa majaribio

oklagija
kijiti cha kusukuma unga

vadičep
kizibuo

konzerva
kopo

otvarač konzervi
inaweza kopo

krpa za lonac
kishikio cha chungu

sudoper
karo

četka
brashi

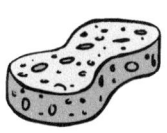

sunđer
sifongo

mikser
kisagaji matunda

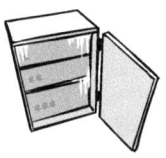

zamrzivač
friji ya kina

flašica za bebe
chupa ya mtoto

slavina za vodu
bomba

kupaonica
bafu

grejanje
joto
tuš
mfereji wa kuogea
peškir
taulo
zavesa za tuš
pazia la kuogea
penušava kupka
maji ya kuoga yenye povu
kada
hodhi
čaša
glasi
mašina za pranje veša
mashine ya kuosha
slavina za vodu
bomba
pločice
vigae
tuta
poti
sudoper
karo

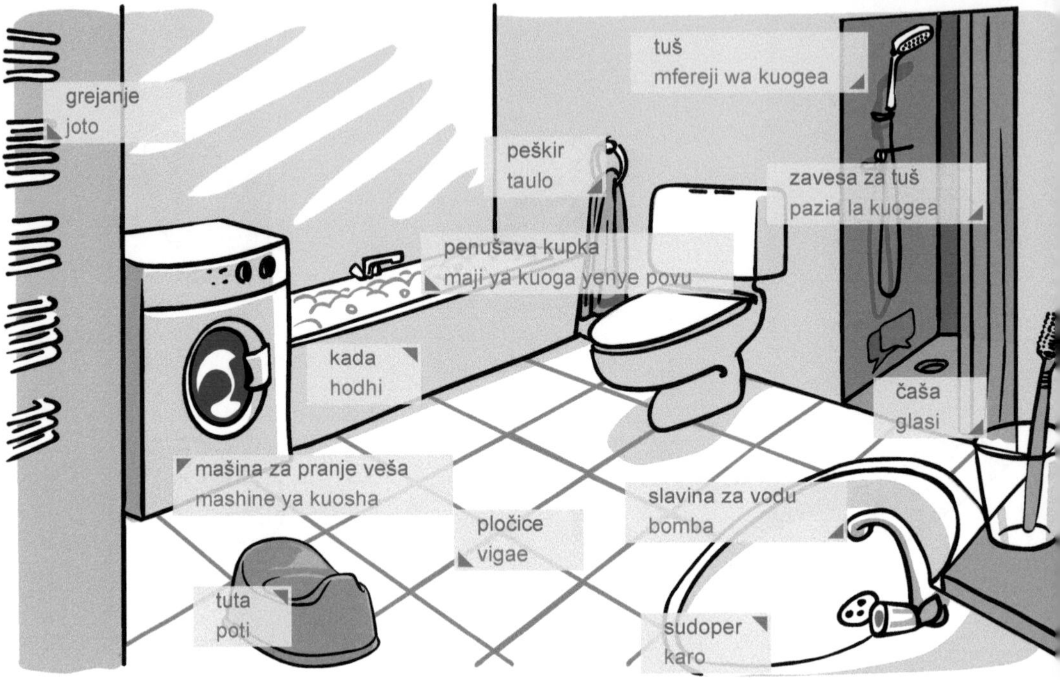

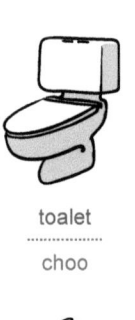

toalet

choo

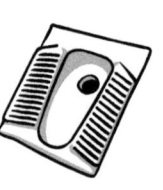

čučavac

choo cha squat

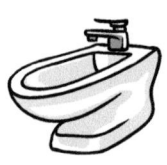

bidet

beseni la mviringo

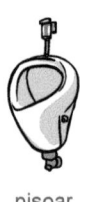

pisoar

choo cha umma

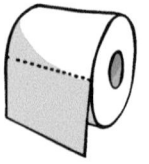

toaletni papir

shashi

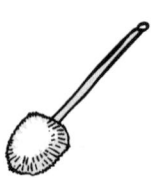

četka za toalet

brashi ya choo

četkica za zube

mswaki

pasta za zube

dawa ya meno

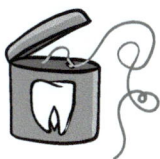

konac za zube

dawa ya meno

prati

safisha

tuš ručica

kuoga mkono

tuš za pranje intimnih delova

msukumo wa maji

lavor

bonde

četka za pranje leđa

mpako wa pili

sapun

sabuni

gel za tuširanje

jeli ya kuogea

šampon

shampuu

krpa za pranje

flana

odvod

toa maji

krema

krimu

dezodorans

kiondoa harufu

ogledalo

kioo

kozmetičko ogledalo

kioo mkono

brijač

kinyozi

pena za brijanje

povu la kunyoa

losion za posle brijanja

baada ya kunyoa

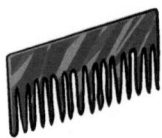

češalj

kichana

četka

brashi

fen za kosu

kikausha nywele

sprej za kosu

marashi ya nyewele

makeup

vipodozi

ruž za usne

kidomwa

lak za nokte

varnish ya msumari

vata

pamba

makaze za nokte

mkasi wa kucha

parfem

manukato

kozmetička torbica

mkoba wa kuosha

stolica

kinyesi

vaga

mizani

ogrtač

nguo ya kuoga

rukavice za čišćenje

glavu za mpira

tampon

kisodo

uložak

sodo

hemijski toalet

kemikali choo

dečija soba
chumba ya mtoto

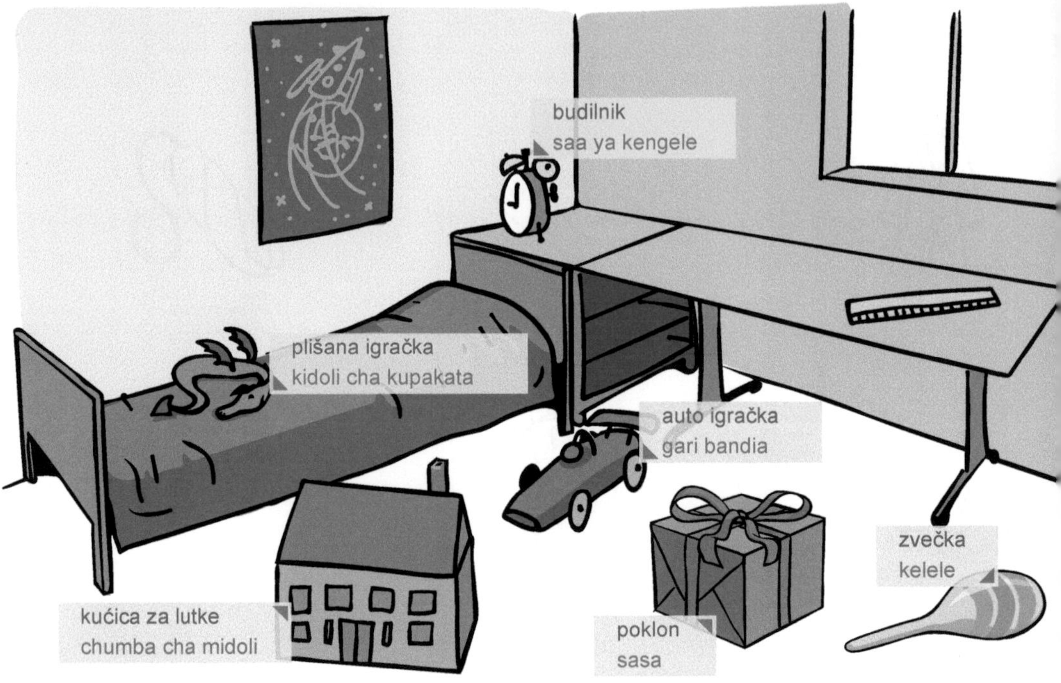
budilnik
saa ya kengele
plišana igračka
kidoli cha kupakata
auto igračka
gari bandia
zvečka
kelele
kućica za lutke
chumba cha midoli
poklon
sasa

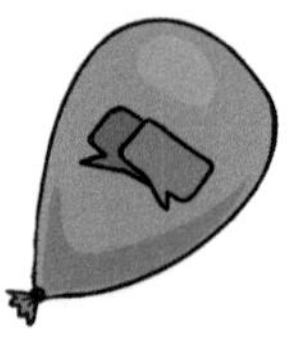

balon
baluni

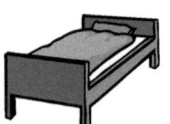

krevet
kitanda

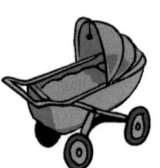

dječija kolica
mashua

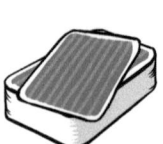

igra s kartama
staha ya kadi

slagalica
mchezo-fumb

SUPER MEGA

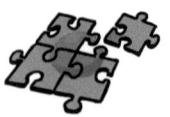

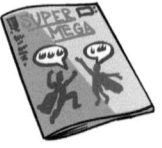

strip
vichekesho

lego kockice

matofali lego

kockice za slaganje

vitalu mwigo

akcioni junak

hatua takwimu

benkica za bebe

suti ya kulalia

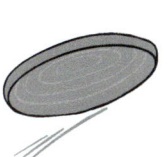

frizbi

kisahani

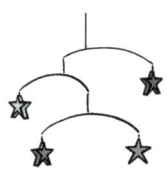

viseće igračke

simu

društvene igre

ubao wa michezo

kocka

kete

minijaturna željeznica

garimoshi mwigo

duda

dummy

zabava

chama

slikovnica

picha kitabu

lopta

mpira

lutka

kikaragosi

igrati

kucheza

pješčanik

shimo la mchanga

ljuljačka

bembea

igračka

vitu bandia

konzola za igre

kiweko cha video ya mchezo

tricikl

baiskeli ya magurudumu

tedi

mwanasesere

matatu

ormar

kabati

kratke čarape

soksi

čarape

stokingi

hulahopke

kibano

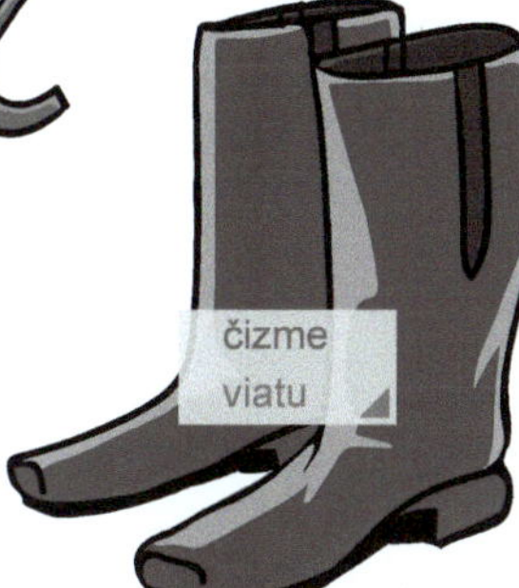

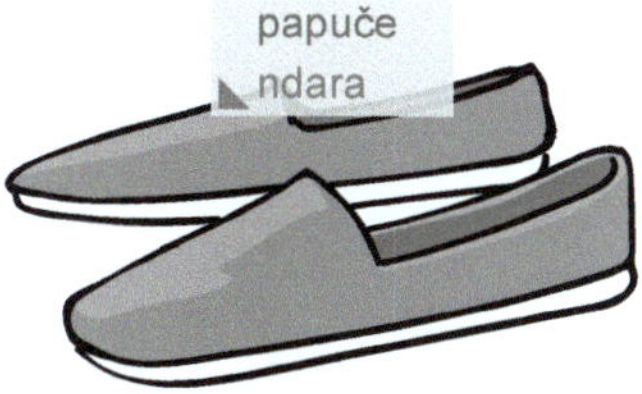

šal
skafu

kišobran
mwavuli

kaiš
ukanda

majica
fulana

čizme
viatu

papuče
ndara

patike
wakufunzi

sandale
malapa

cipele
viatu

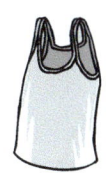

gumene čizme
mabuti ya mpira

gaćice
suruali ya ndani

grudnjak
sidiria

potkošulja
fulana

bodi
mwili

pantalone
suruali

farmerke
dangirizi

suknja
sketi

bluza
blauzi

košulja
shati

džemper
vuta

džemper s kapuljačom
sweta

sako
bleza

jakna
jaketi

kaput
koti

kabanica
koti la mvua

kostim
maleba

haljina
gauni

venčanica
mavazi ya harusi

odelo

suti

spavaćica

vazi la usiku

pidžama

pajama

sari

sari

marama za glavu

skafu

turban

kilemba

burka

burka

kaftan

kaftan

abaja

abaya

kupaći kostim

vazi la kuogelea

kupaće gaćice

vazi la kiume la kuogelea

kratke pantalone

kaptura

odeća za trening

teitei

kecelja

aproni

rukavice

glavu

dugme

kifungo

naočare

glasi

narukvica

bangili

ogrlica

mkufu

prsten

pete

naušnica

herini

kapa

kofia

vešalica

kiango cha koti

šešir

kofia

kravata

tai

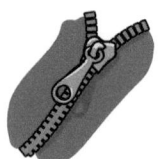

patent zatvarač

zipu

kaciga

kofia

naramenice

kanda za suruali

školska uniforma

sare za shule

uniforma

sare

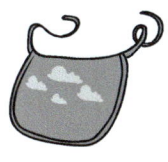

podbradak

bibu

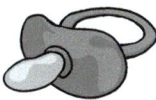

duda

dummy

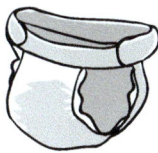

pelena

nepi

kancelarija
ofisi

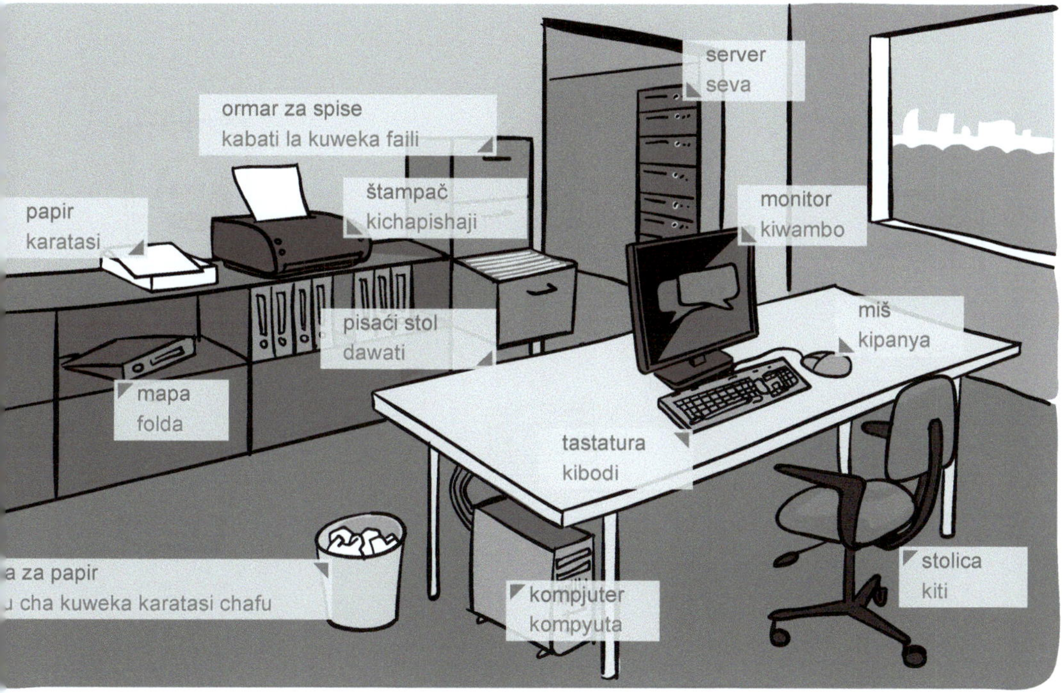

server
seva
ormar za spise
kabati la kuweka faili
papir
karatasi
štampač
kichapishaji
monitor
kiwambo
pisaći stol
dawati
miš
kipanya
mapa
folda
tastatura
kibodi
a za papir
cha kuweka karatasi chafu
kompjuter
kompyuta
stolica
kiti

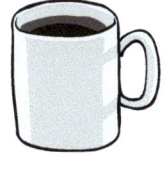

šalica za kavu

kmobe la kahawa

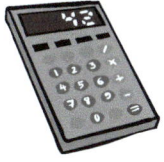

kalkulator

kikokotoo

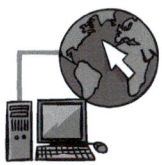

internet

biashara

laptop

mbali

pismo

barua

poruka

ujumbe

mobilni telefon

rununu

mreža

intaneti

uređaj za kopiranje

fotokopia

softver

programu

telefon

simu

utičnica

soketi

faks

kipepesi

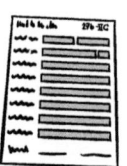

formular

fomu

dokument

hati

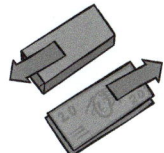

kupovati

kununua

platiti

kulipa

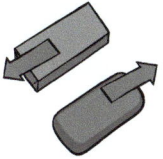

trgovati

biashara

novac

fedha

dolar

dola

evro

yuro

jen

yeni

rublja

rouble

švajcarski franak

faranga ya Uswisi

renmindbi juan

renminbi yuan

rupija

rupia

automat za novac

eneo la kulipia

menjačnica

ofisi ya ubadilishanaji

zlato

dhahabu

srebro

fedha

nafta

mafuta

energija

nishati

cena

bei

ugovor

mkataba

porez

kodi

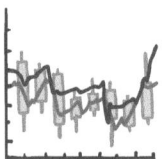

deonica

bidhaa

raditi

kazi

službenik

mfanyakazi

poslodavac

mwajiri

fabrika

kiwanda

prodavnica

duka

zanimanja
kazi

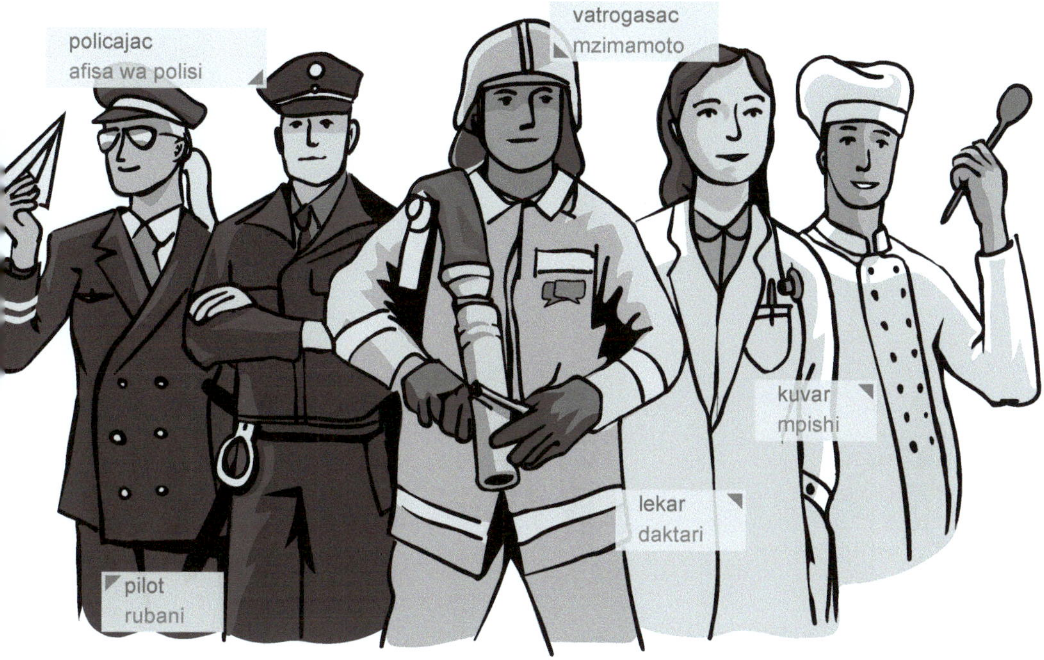

vatrogasac
mzimamoto
policajac
afisa wa polisi
kuvar
mpishi
lekar
daktari
pilot
rubani

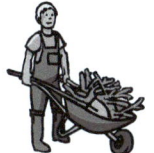

vrtlar

mtunza bustani

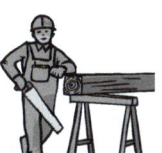

stolar

seremala

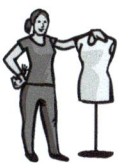

krojačica

mshonaji

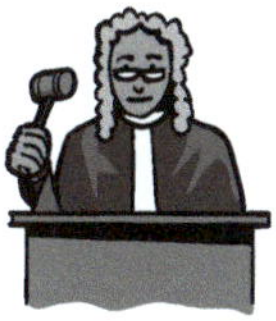

sudija

hakimu

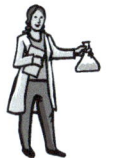

hemičar

mwanakemia

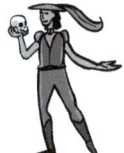

glumac

muigizaji

vozač autobusa

dereva wa basi

vozač taksija

dereva wa teksi

ribar

mvuvi

čistačica

mwanamke wa kusafisha

krovopokrivač

mwezekaji

konobar

mhudumu

lovac

mwindaji

slikar

mchoraji

pekar

mwokaji

električar

umeme

građevinski radnik

mjenzi

inženjer

mhandisi

mesar

mchinjaji

limar

fundi bomba

poštar

mwanaposta

vojnik

mwanajeshi

arhitekta

msanifu majengo

blagajnik

keshia

cvećar

muuza maua

frizer

msusi

kondukter

kondakta

mehaničar

mekanika

kapetan

nahodha

zubar

daktari wa meno

naučnik

mwanasayansi

rabi

rabbi

imam

imamu

monah

mtawa

svećenik

kasisi

alati

zana

čekić
nyundo
klešta
koleo
odvijač
bisibisi
ključ za zavrtnje
spana
džepna lampa
kurunzi

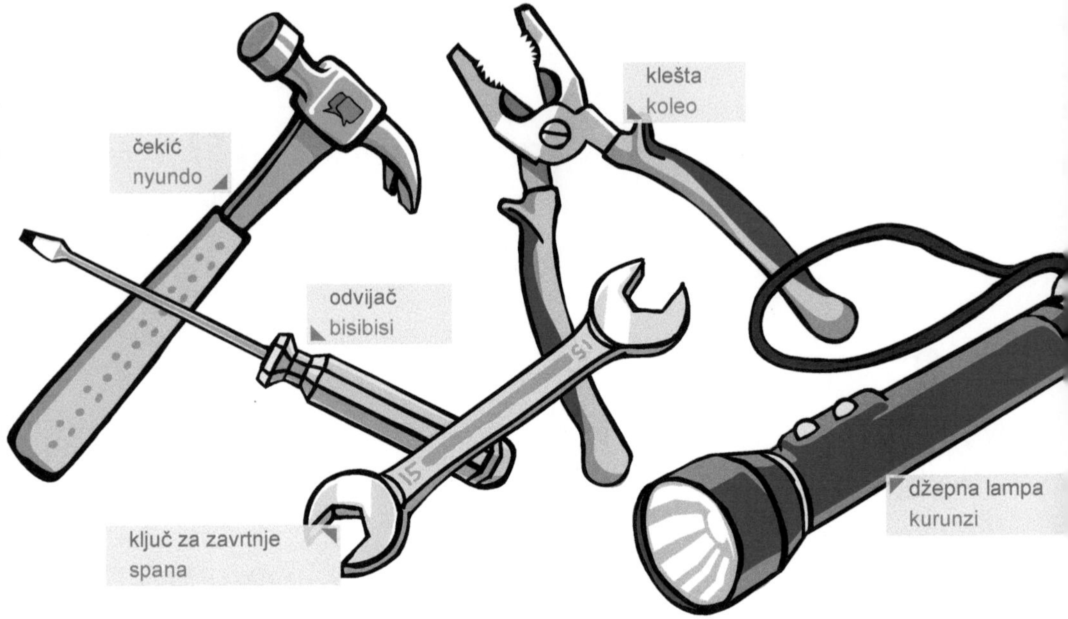

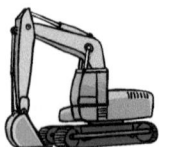

bager

mchimbaji

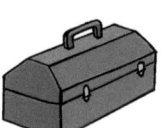

kutija za alat

sanduku la vifaa

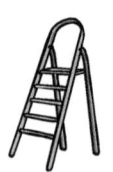

merdevine

ngazi

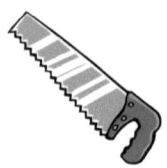

pila

msumeno

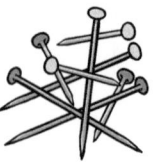

ekser

misumari

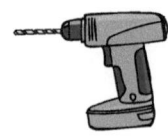

bušilica

kuchimba visima

popraviti

kukarabati

lopata

sepetu

do đavola!

Lo!

lopatica

kishikio cha uchafu

lonac za boju

chungu cha rangi

zavrtanji

skurubu

muzički instrument
ala za muziki

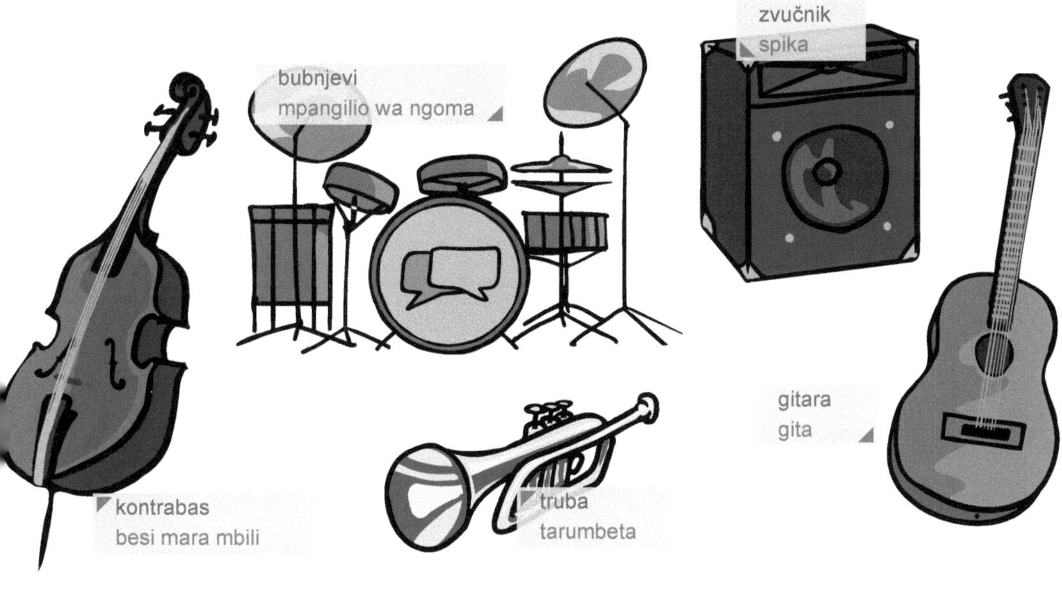

zvučnik
spika

bubnjevi
mpangilio wa ngoma

gitara
gita

kontrabas
besi mara mbili

truba
tarumbeta

klavir

piano

violina

fidla

bas

ubeji

timpani

timpani

udaraljke za bubnjeve

ngoma

tipke klavira

kibodi

saksofon

saksafoni

flauta

filimbi

mikrofon

maikrofoni

ulaz
lango la kuingia

tigar
simbamarara

kavez
ngome

zebra
pundamilia

hrana za životinje
chakula cha mifugo

panda
panda

životinje

wanyama

slon

tembo

kengur

kangaruu

nosorog

kifaru

gorila

sokwe

medved

dubu

kamila

ngamia

noj

mbuni

lav

simba

majmun

tumbili

flamingo

heroe

papagaj

kasuku

polarni medved

dubu

pingvin

penguini

ajkula

papa

paun

tausi

zmija

nyoka

krokodil

mamba

čuvar u zoološkom vrtu

mtunza wanyama

tuljan

muhuri

jaguar

jaguar

poni

mwanafarasi

leopard

chui

nilski konj

kiboko

žirafa

twiga

orao

tai

divlja svinja

nguruwe mwitu

riba

samaki

kornjača

kobe

morž

sili

lisica

mbweha

gazela

paa

amerčki nogomet
soka ya marekani

biciklizam
uendeshaji baiskeli

tenis
tenisi

košarka
mpira wa kikapu

plivanje
kuogelea

hokej na ledu
magongo ya barafuni

boks
ndondi

fudbal
soka

badminton
vinyoya

atletika
riadha

rukomet
mpira wa mikono

skijanje
skii

polo
polo

aktivnosti
shughuli

skočiti
kuruka
zagrliti
kumbatia
smejati se
cheka
ići
kutembea
pevati
kuimba
sanjati
ota ndoto
moliti se
kuomba
poljubiti
busu

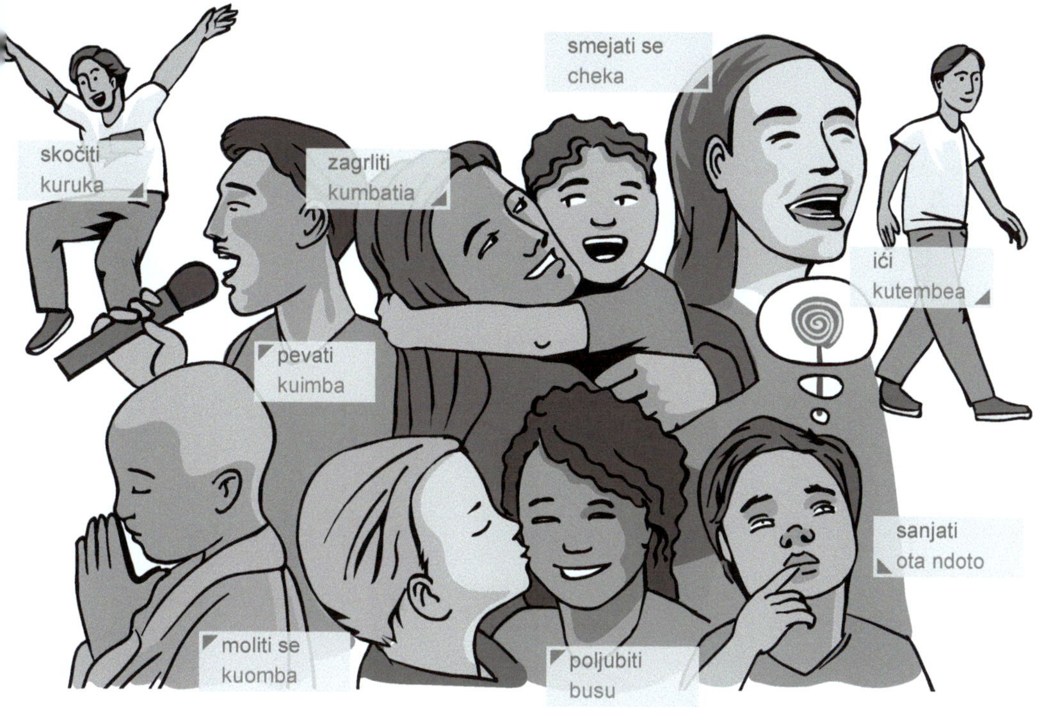

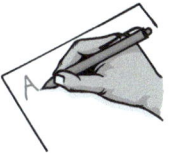

pisati

kuandika

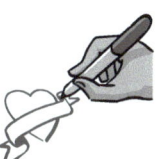

crtati

kuteka

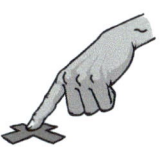

pokazati

angalia

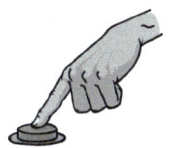

gurati

sukuma

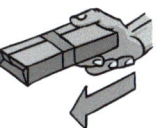

dati

kutoa

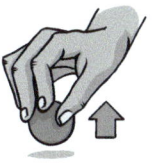

uzeti

kuchukua

imati
kuwa

činiti
fanya

biti
kuwa

stojati
kusimama

trčati
kukimbia

povlačiti
vuta

baciti
kutupa

padati
kuanguka

ležati
hadaa

čekati
kusubiri

nositi
kubeba

sediti
kukaa

oblačiti
vaa nguo

spavati
usingizi

probuditi se
kuamka

gledati
kuangalia

plakati
lia

milovati
kiharusi

češljati
chana nywele

govoriti
ongea

razumeti
kuelewa

pitati
kuuliza

slušati
kusikiliza

piti
kunywa

jesti
kula

pospremiti
nadhifisha

voleti
upendo

kuhati
mpishi

voziti
gari

leteti
kuruka

ploviti

meli

računati

kokotoa

čitati

kusoma

učiti

kujifunza

raditi

kazi

venčati se

kuoa

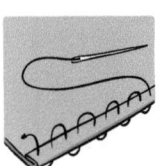

šiti

kushona

prati zube

piga mswaki

ubiti

kuua

pušiti

moshi

poslati

kutuma

porodica
familia

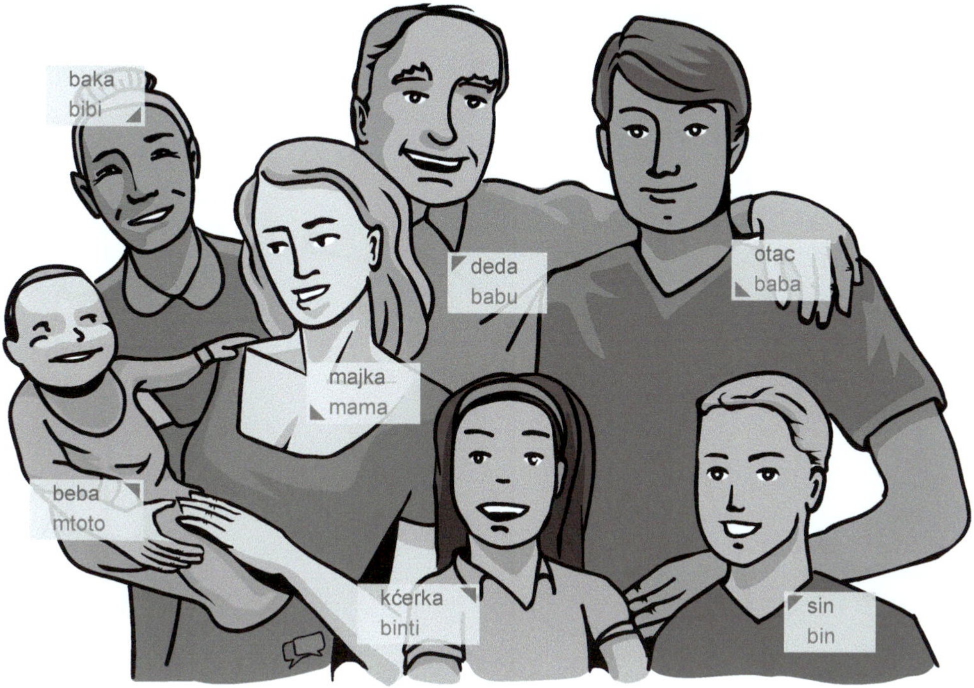

baka
bibi
deda
babu
otac
baba
majka
mama
beba
mtoto
kćerka
binti
sin
bin

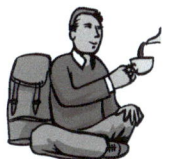

gost
mgeni

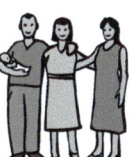

tetka
shangazi

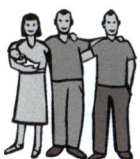

ujak, stric
mjomba

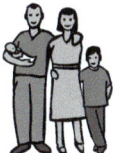

brat
kaka

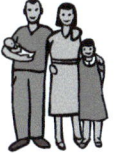

sestra
dada

telo

mwili

čelo
paji la uso
oko
jicho
rame
bega
prst
kidole
lice
uso
brada
kidevu
ruka
mkono
noga
mguu
grudi
matiti
ruka
mkono

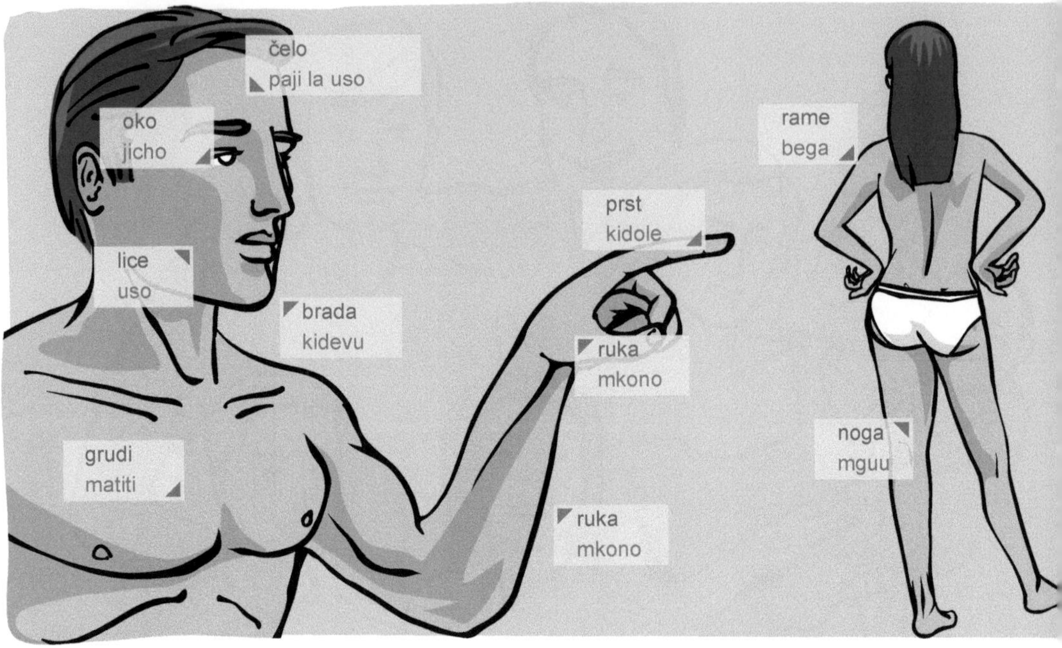

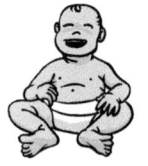

beba
mtoto

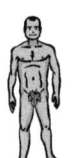

muškarac
mwanamume

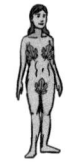

žena
mwanamke

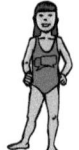

devojčica
msichana

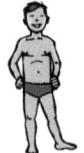

dečak
mvulana

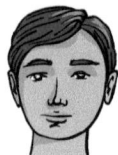

glava
kichwa

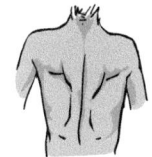

leđa

nyuma

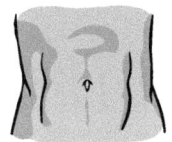

stomak

tumbo

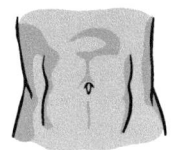

pupak

kitovu

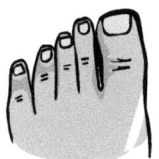

nožni prst

chano

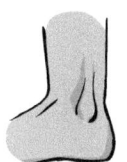

peta

kisigino

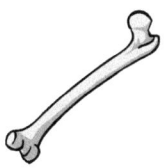

kost

mfupa

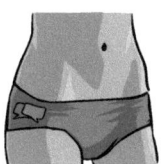

kukovi

nyonga

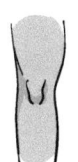

koleno

goti

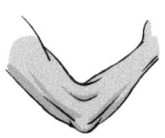

lakat

kiwiko

nos

pua

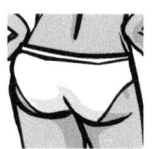

zadnjica

chini

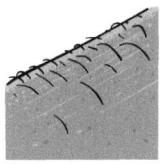

koža

ngozi

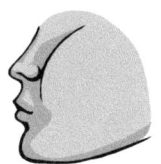

obraz

shavu

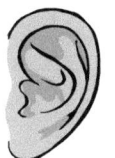

uvo

sikio

usna

mdomo

usta

kinywa

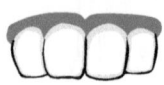

zub

jino

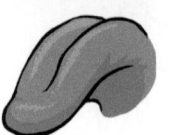

jezik

ulimi

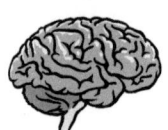

mozak

ubongo

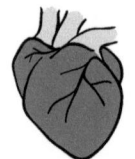

srce

moyo

mišić

misuli

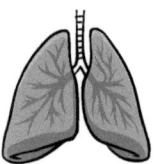

pluća

pafu

jetra

ini

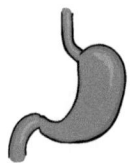

želudac

tumbo

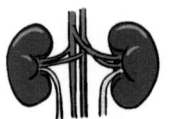

bubrezi

figo

polni odnos

jinsia

kondom

kondomu

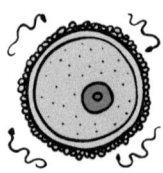

jajna ćelija

ovari

sperma

shahawa

trudnoća

mimba

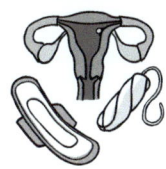

menstruacija

hedhi

vagina

uke

penis

uume

obrva

unyusi

kosa

nywele

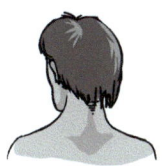

vrat

shingo

bolnica
hospitali

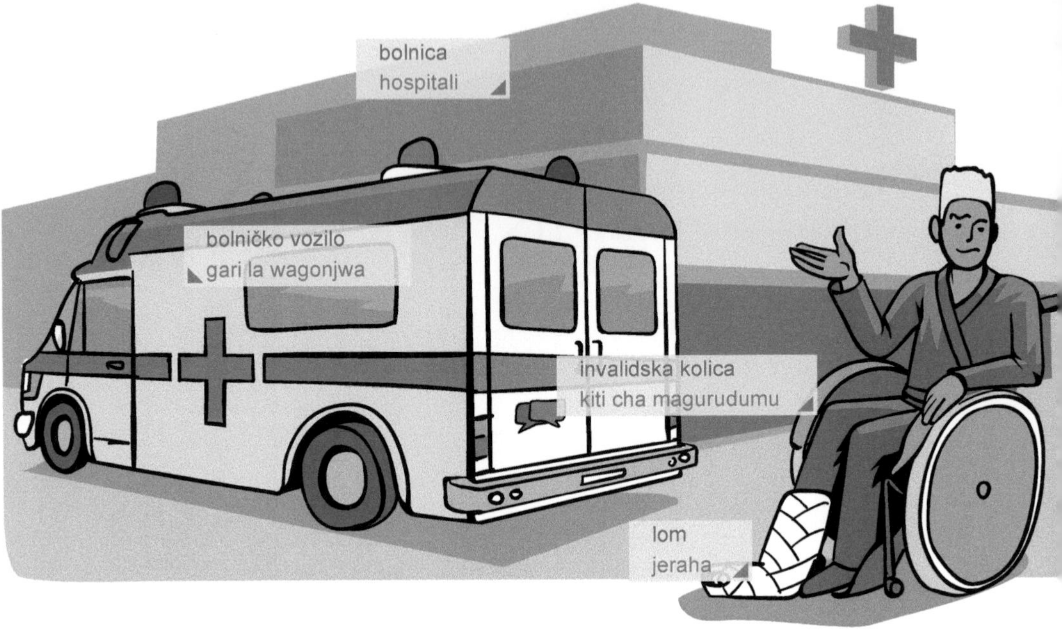

bolnica
hospitali
bolničko vozilo
gari la wagonjwa
invalidska kolica
kiti cha magurudumu
lom
jeraha

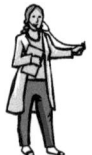

lekar

daktari

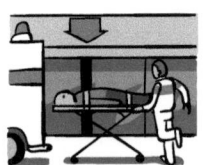

hitna medicinska služba

chumba cha dharura

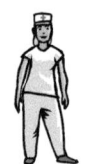

medicinska sestra

muuguzi

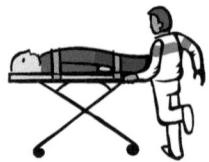

hitni slučaj

dharura

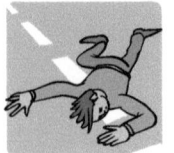

nesvest

kupoteza fahamu

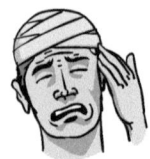

bol

maumivu

povreda

kuumia

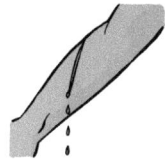

krvarenje

kutokwa na damu

srčani udar

mshtuko wa moyo

udar

kiharusi

alergija

mzio

kašalj

kikohozi

groznica

homa

gripa

mafua

proliv

kuharisha

glavobolja

maumivu ya kichwa

rak

kansa

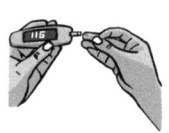

dijabetes

ugonjwa wa kisukari

hirurg

daktari mpasuaji

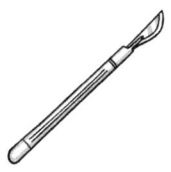

skalpel

kisu kidogo cha kupasulia

operacija

operesheni

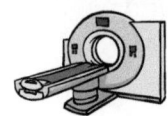

ct

picha changanufu ya mwili

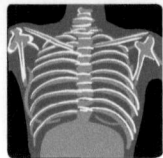

rentgen

Eksrei

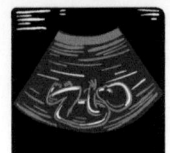

ultrazvuk

mawimbi sauti

maska

barakoa ya uso

bolest

ugonjwa

čekaona

chumba cha kusubiri

štaka

mkongojo

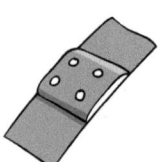

flaster

plasta

zavoj

bendeji

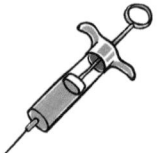

injekcija

sindano

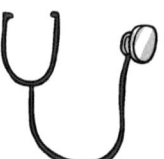

stetoskop

stetoskopu

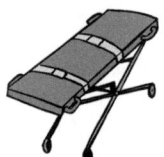

nosila

machela

termometar

kipimajoto cha kliniki

rođenje

kuzaliwa

prekomerna težina

unene kupita kiasi

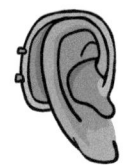

slušni aparat

kusikia misaada

sredstvo za dezinfekciju

kipukusi

infekcija

maambukizi

virus

virusi

HIV / AIDS

VVU / UKIMWI

medicina

dawa

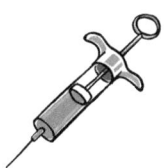

vakcinacija

chanjo

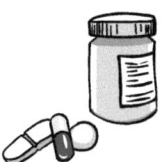

tablete

vidonge

pilula

kidonge

hitni poziv

simu ya dharura

uređaj za merenje pritiska

haemodainamometa

bolesno / zdravo

mgonjwa / mwenye afya

pomoć!

Msaada!

alarm

kengele

nasrtaj

pigo

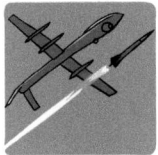

napad

shambulizi

opasnost

hatari

izlaz u slučaju nužde

lango la dharura

požar!

Moto!

protivpožarni aparat

kizima moto

nezgoda

ajali

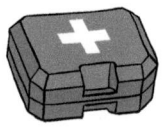

kutija prve pomoći

vifaa vya huduma ya kwanza

sos

wito wa msaada

policija

polisi

Evropa

Ulaya

Severna Amerika

Amerika ya Kaskazini

Južna Amerika

Amerika ya Kusini

Afrika

Afrika

Azija

Asia

Australija

Australia

Atlantik

Atlantiki

Pacifik

Pasifiki

Indijski okean

Bahari ya Hindi

Antarktički okean

Bahari ya Antaktiki

Arktički ocean

Bahari ya Aktiki

Severni pol

Ncha ya Kaskazini

Južni pol

Ncha ya Kusini

Antarktik

Antaktika

zemlja

dunia

zemlja

nchi

more

bahari

otok

kisiwa

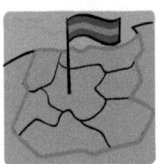

nacija

taifa

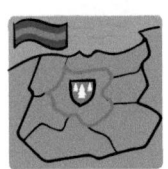

država

jimbo

brojčanik sata

uso wa saa

satna kazaljka

akrabu ya saa

minutna kazaljka

akrabu ya dakika

sekundna kazaljka

akrabu ya sekunde

Koliko je sati?

Ni saa ngapi?

dan

siku

vreme

wakati

sada

sasa

digitalni sat

saa ya dijitali

minuta

dakika

čas

saa

ponedeljak
Jumatatu

MO

TU

sreda
Jumatano

W

TH

petak
Ijumaa

FR

SA

SO

utorak
Jumanne

subota
Jumamosi

četvrtak
Alhamisi

nedelja
Jumapili

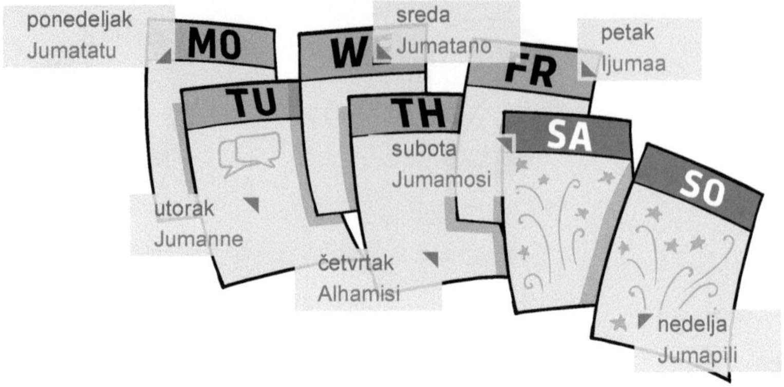

juče
....
jana

danas
....
leo

sutra
....
kesho

jutro
....
asubuhi

podne
....
saa sita mchana

veče
....
jioni

MO	TU	WE	TH	FR	SA	SU
1	2	3	4	5	6	7
8	9	10	11	12	13	14
15	16	17	18	19	20	21
22	23	24	25	26	27	28
29	30	31	1	2	3	4

radni dani
....
siku za biashara

MO	TU	WE	TH	FR	SA	SU
1	2	3	4	5	6	7
8	9	10	11	12	13	14
15	16	17	18	19	20	21
22	23	24	25	26	27	28
29	30	31	1	2	3	4

vikend
....
mwishoni mwa wiki

godina
mwaka

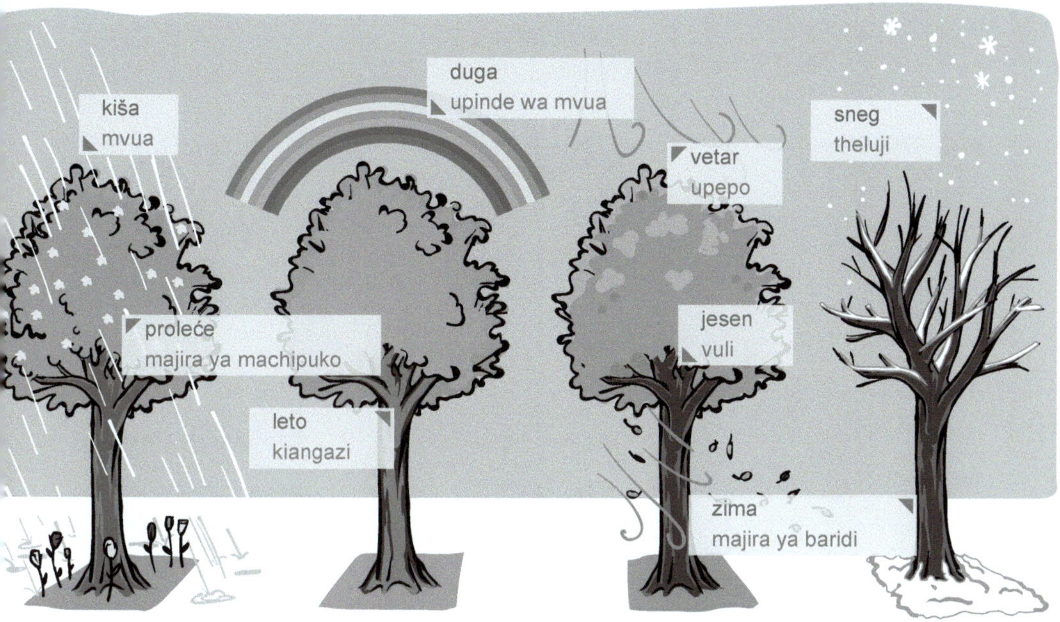
kiša
mvua
duga
upinde wa mvua
vetar
upepo
sneg
theluji
proleće
majira ya machipuko
leto
kiangazi
jesen
vuli
zima
majira ya baridi

4.APRIL 11°
5.APRIL 4°
6.APRIL 13°
7.APRIL 8°
8.APRIL 10°

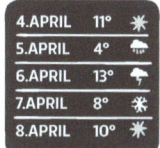

meteorološka prognoza

utabiri wa hali ya hewa

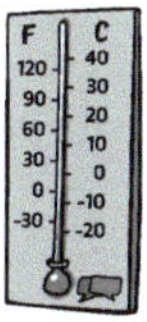
F
C
120
90
60
30
0
-30
40
30
20
10
0
-10
-20

termometar

kipimajoto

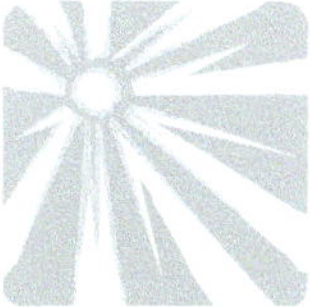

sunčana svetlost

mwanga wa jua

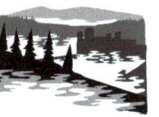

oblak

wingu

magla

ukungu

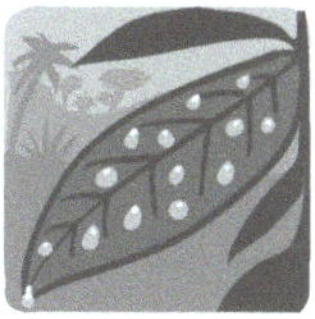

vlažnost vazduha

unyevu

munja

umeme

grmljavina

radi

oluja

dhoruba

tuča

mvua ya mawe

monsun

monsuni

poplava

mafuriko

led

barafu

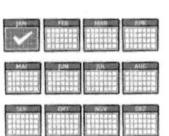

januar

Januari

februar

Februari

mart

Machi

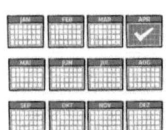

april

Aprili

maj

Mei

juni

Juni

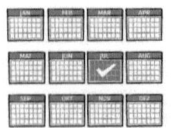

juli

Julai

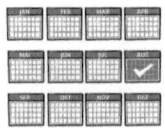

avgust

Agosti

godina - mwaka

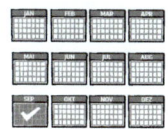

septembar

Septemba

oktobar

Oktoba

novembar

Novemba

decembar

Desemba

oblici

maumbo

krug

mduara

kvadrat

mraba

pravougao

mstatili

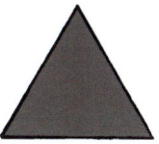

trougao

pembetatu

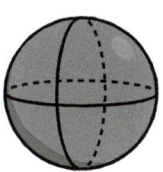

kugla

nyanja

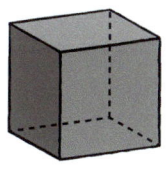

kocka

mchemraba

bela
....
nyeupe

žuta
....
manjano

narandžasta
....
chungwa

ružičasta
....
rangi ya waridi

crvena
....
nyekundu

ljubičasta
....
hudhurungi

plava
....
bluu

zelena
....
kijani

smeđa
....
hanja

siva
....
jivujivu

crna
....
nyeusi

mnogo / malo

mengi / kidogo

ljutito / mirno

hasira / pole

lepo / ružno

nzuri / mbaya

početak / kraj

mwanzo / mwisho

veliko / maleno

kubwa / ndogo

svetlo / tamno

angavu / giza

brat / sestra

kaka / dada

čisto / prljavo

safi / chafu

potpuno / nepotpuno

kamilika / tokamilika

dan / noć

siku / usiku

mrtvo / živo

wafu / hai

široko / usko

pana / nyembamba

jestivo / nejestivo

kulika / kutolika

zlo / dobro

ovu / ema

uzbuđeno / dosadno

sisimkwa / udhika

debelo / mršavo

nene / nyembamba

na početku / na kraju

kwanza / mwisho

prijatelj / neprijatelj

rafiki / adui

puno / prazno

jaa / tupu

tvrdo / mekano

ngumu / laini

teško / lagano

nzito / nyepesi

glad / žeđ

njaa / kiu

bolesno / zdravo

mgonjwa / mwenye afya

ilegalno / legalno

haramu / kisheria

pametno / glupo

akili / kijinga

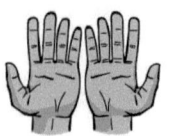

levo / desno

kushoto / kulia

blizu / daleko

karibu / mbali

novo / polovno

mpya / kutumika

ništa / nešto

kitu / jambo

staro / mlado

zee / changa

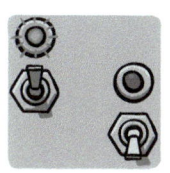

uključeno / isključeno

waka / zima

otvoreno / zatvoreno

wazi / fungwa

tiho / glasno

utulivu / kelele

bogato / siromašno

tajiri / masikini

tačno / pogrešno

sahihi / kosa

hrapavo / glatko

mbaya / laini

tužno / sretno

huzunika / furahia

kratko / dugo

fupi /ndefu

polako / brzo

polepole / haraka

mokro / suho

nyevu / kavu

toplo / hladno

joto / baridi

rat / mir

vita / amani

0

nula

sufuri

1

jedan

moja

2

dva

mbili

3

tri

tatu

4

četiri

nne

5

pet

tano

6

šest

sita

7

sedam

saba

8

osam

nane

9

devet

tisa

10

deset

kumi

11

jedanaest

kumi na moja

12

dvanaest

kumi na mbili

13

trinaest

kumi na tatu

14

četrnaest

kumi na nne

15

petnaest

kumi na tano

16

šestnaest

kumi na sita

17

sedamnaest

kumi na saba

18

osamnaest

kumi na nane

19

devetnaest

kumi na tisa

20

dvadeset

ishirini

100

stotinu

mia

1.000

hiljadu

elfu

1.000.000

milion

milioni

engleski

Kiingereza

američki engleski

Kiingereza cha Marekani

mandarinski kineski

Kimandarini cha Uchina

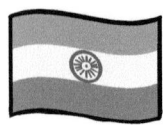

hindski

Kihindi

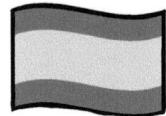

španski

Kihispania

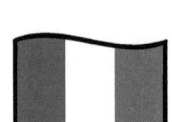

francuski

Kifaransa

arapski

Kiarabu

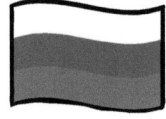

ruski

Kirusi

portugalski

Kireno

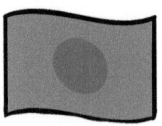

bengalski

Kibengali

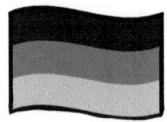

nemački

Kijerumani

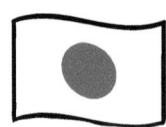

japanski

Kijapani

ja
....
mimi

ti
....
wewe

on / ona / ono
....
yeye / yeye / ni

mi
....
sisi

vi
....
wewe

oni
....
wao

Ko?
....
nani?

Šta?
....
nini?

Kako?
....
jinsi gani?

Gde?
....
wapi?

Kada?
....
lini?

ime
....
jina

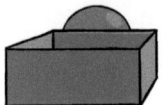

iza

nyuma

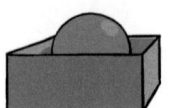

u

katika

ispred

mbele ya

preko

juu ya

na

kwenye

ispod

chini ya

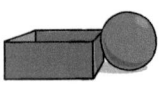

pored

kando

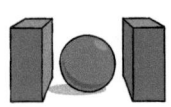

između

kati

mesto

mahali